»Die **Oma** kocht heut' **Maulwurftäschle**«

Schwäbischer Kindermund 1

Sprüche und Anekdoten von schwäbischen Kindern
herausgegeben von Christine und Heike Kern

kindermundverlag
wo die kleinen das sagen haben.

Originalausgabe April 2012
Copyright © 2012
by Kindermund Verlag Christine Kern
Yorckstr. 34, 76185 Karlsruhe
www.kindermund-verlag.de

Titelbild: Sonja Höhn und www.fotolia.de
Schrift: Yanone Kaffeesatz, Delicious

Druck und Bindung: Alinea Digitaldruck GmbH
www.alinea-digitaldruck.de
Made in Germany
ISBN 978-3-9813766-5-4

Inhaltsverzeichnis

Ganz ehrlich:

Wenn meine Oma Maulwurftäschle gekocht hätte, die hätte sie selbst essen können. Die Vorstellung, dass die Rezeptur die Verwendung eines dieser possierlichen Tierchen vorsieht, hätte mir damals Magengrimmen verursacht. Aber ich war ja als Kind schon schleckig. Und heute bin ich erwachsen und kann die Dinge nicht mehr frei von Vorurteilen und Vorstellungen sehen.

Denn um die unverfälschte Sicht auf die Dinge, um die Logik, die von ihrem ureigenen Erfahrungsschatz geprägt ist, beneide ich die Kinder. Natürlich müssen Glockenäpfel klingen und der Wunsch nach einem Weckle mit Wurst und Ketchup aber ohne Weckle mag Verwirrung stiften, bringt jedoch die wahre kulinarische Vorliebe auf den Punkt.

Kinder beherrschen die Kunst des Fragens. Sie tun es ohne falsche Scham und Scheu, getreu dem Sesamstraßen-Motto: Wer nicht fragt, bleibt dumm. Dass sie darüber hinaus dem

Sprachschatz neue Worte hinzufügen, sollte eigentlich ein Ansporn für uns Erwachsene sein. Freilich kann eine Scheibe Brot auch abgemessert werden, der Gulpopo klingt wesentlich feiner als Gulasch und Marmelade von der Oma sollte ab jetzt nur noch Omalade heißen.

Und es ist nicht nur für die Freunde und Pfleger des Dialekts eine große Freude zu entdecken, dass sich trotz der multilingualen Früherziehung, die schwäbische Kindermundart so kunstvoll auswächst. Um den Fortbestand des Schwäbischen müssen wir uns also keine Sorge machen, so lange es Bücher wie dieses gibt.

In diesem Sinne wünsche ich Ihnen viel Spaß mit den »Maulwurftäschle«. Oder, wie wir Schwaben es sagen würden: An Guade.

Ihr Olaf Nägele

Liebe Leserinnen und Leser,

wir haben viele lustige, fröhliche, phantasievolle und auch ein paar deftige Sprüche in diesem Buch zusammengetragen.

Damit wir mit der Veröffentlichung niemanden in Verlegenheit bringen (auch aus kleinen Sprücheklopfern werden vielleicht mal Menschen, die in der Öffentlichkeit stehen), haben wir uns zu Folgendem entschlossen: Wir trennen die Sprüche und die Namen der Einsender. So kann kein Kind mehr identifiziert werden, auch wenn sein Name im Beitrag erwähnt ist.

Alle, von denen wir Sprüche veröffentlicht haben, finden sich aber trotzdem namentlich hier im Buch. Und zwar in der Danksagung auf Seite 144-145.

Und jetzt wünschen wir Ihnen viel Spaß beim Lesen!

Christine und Heike Kern

»S gibt ned viele Mädla, die a Zipfele hen!«

Schwäbisches

Karin (4) klagt: »Mama, mir duat mei Fuß so weh!« Auf meine Frage »Ja welcher denn?« kommt prompt die Antwort: »Ha der näba dem, der net weh duat!«

Anni (4) erklärt rigoros: »Ich esse nur Honig vom Wilhelm.« »Wer ist denn Wilhelm?« »Der Wilhelm, das ist dem jungen Herrn Doderer sein alter Herr Doderer, sein Vater.«

Gemeinsam mit Ben (4) lege ich Blumen auf das Grab seiner Urgroßeltern. Der Kleine ist sehr traurig, dass sie nicht mehr leben und bei uns sein können.
Als wir den Friedhof verlassen wollen, kommt uns ein älteres Ehepaar entgegen. Ben ruft erfreut: »Guck, do kommet se ja wieder!«

Ich frage meine Enkelin Yvonne (2) liebevoll:
»Bist du Oma Liese ihr Schatz?«. Sie schüttelt
den Kopf: »Nein, Papa sein Schnuggele.«

Yvonne (3) redet beim Zubettgehen ununter-
brochen. Ich sage zu ihr: »Jetzt halt aber dein
Schnäbele!« Da korrigiert sie ernst: »Nicht
Schnäbele, heißt Mund!«

Papa bringt Sonja (3) ins Bett. Sie warnt ihn:
»Du derfsch net en meim Bett schlofa, sonscht
krachts zamma.«

Sonja (3) findet eine alte Weihnachtskarte:
»Au, do sen viele Engel on viele Jo-Säftle!«

Illustration von Nina Weber

Joscha (3) fragt die knapp 70-jährige Nachbarin,
die mit Gehstützen unterwegs ist, mitfühlend:

»Bisch du au vom **Bobbycar** gfloga?«

Die Kinder erkunden im Urlaub einen Bauernhof. Der Kleine kommt begeistert zur Mutter
gelaufen und berichtet: »Mama, hinter dem
Haus isch e Wiese, da sin Schäfle, Goissa, Hen-
na und sogar e Sau, die isch so groß wie du!«
Da korrigiert ihn schnell sein älterer Bruder:
»Mama, gell, so a große Sau wie du gibts ja
gar net!«

Papa kommt abends von der Arbeit und lo-
ckert schon mal die Krawatte. Da sagt Sylvia
(5) zu ihm: »Papa, kannsch dein Latz anlasse,
mir esset gleich.«

Es kommt Besuch. Walter (4) hat ein ver-
schmiertes Göschle und soll sauber gemacht
werden. Er wehrt sich: »Dia brauchat gar net
seha, wie schön i bin.«

Der Großvater hält eine Rede in der Kirche. Die Enkelkinder Niklas (6) und Corbinian, die zu Besuch aus Berlin gekommen sind, langweilen sich und werden unruhig. Die Mutter ermahnt Niklas: »Sei still, den Großvater versteht sonst niemand, wenn du so laut bist!« Da meint Niklas: »Der Großvater spricht sowieso schwäbisch, den versteht eh keiner.«

Der Kindergarten bekommt vom Rathaus eine große Kiste mit Kindereis, das von einer Veranstaltung übrig ist. Auf die Frage an die Kinder, warum sie das Eis bekommen haben, ruft ein Junge: »Weils de Bürgermeischder net alloi essa ka!«

Der Mond steht am Abendhimmel. Jonas (2): »Die Sonne isch zu ihrer Mama heimgange. Jetzt trinkt se Sonnenmilch!«

Papa hat unsere ersten drei Nektarinen vor dem Haus geerntet. Jonas: »Papa, die Nektarine isch no net reif, die musst Du noch a bissle an d' Baum hänga!«

Wir sind im Bad und Sophie (2) soll sich die Hände waschen. Sie dreht die trockene Seife mehrmals hin und her und beklagt sich dann: »Oma, die Seife geht gar net!«

Der Nachbar gräbt einen Brunnen und trägt dabei einen roten Schutzhelm auf dem Kopf. Er ist schon sehr tief unten und man sieht von oben nur noch einen roten Fleck in der Tiefe leuchten. Als der Kugler Schorsch mit seinem – fromm erzogenen – Enkel Werner vorbei kommt und ins Brunnloch runterschaut, nimmt der Kleine den Opa am Hosenbein und fragt besorgt: »Großvater, isch des jetzt dr Deifel do honda?«

Lisa sagt dauernd »Kacke«. Melia (3) korrigiert sie: »Lisa, des sagt mer ned. Des Wort isch scheiße!«

Beim Kinderschwimmen ist ein Junge mit langen Haaren und Haarspange dabei. Melia denkt, es ist ein Mädchen. Mama: »Aber der hot doch a Zipfele, dann isch es an Junge!« Melia stimmt zögernd zu: »S gibt ned viele Mädla, die a Zipfele hen!«

Urlaub am Bodensee: Ich spaziere mit meiner Tochter Vanessa (3) durch Hopfenfelder. »Das ist Hopfen«, erkläre ich ihr. Nach einer Weile des Betrachtens fragt sie: »Hopft denn der Hopfa do nuff?«

Julian (3) mag kein Gemüse: »I bin koin Vegetarier, aber i bin au koin Vegefischstäbler.«

Jens (3) schaut mir beim Zwiebelschälen
zu. Er kommentiert: »Ausziehn tusch du
se.« Ich sage: »Nein, abschälen tu ich sie.«
Er behauptet weiter:

»Nein, **nackich machen** tusch se.«

Achim (3) ist mit beim Bäcker einkaufen. Er bekommt eine halbe Brezel. Ich frage: »Na, was sagst du?« Prompt kommt die Antwort: »A ganze wär mr lieber!«

Im Hallenbad fragt Stefan (4): »Warum haben Frauen einen Badeanzug an und Männer nur eine Badehose?« Ich sage, er soll doch selber mal überlegen, warum das so sein könnte. Da meint er sehr überzeugt: »Ha, die Weiber frieret viel schneller!«

Felicitas (4) ist auf dem Sessel eingeschlafen. Als Papa sie ins Bett bringen will, reißt sie ihre Augen auf, blickt unzufrieden um sich und murmelt schlaftrunken: »Ich bin net müde. Ich hab gar net geschlafen. Mein Auge hat sich bloß ein bissle ausgeruht.«

In der Backnanger Stiftkirche findet eine öku-
menische Hubertusmesse statt. Nadja (3) und
ich gehen auch hin. Nadja ist sehr interessiert
und singt laut ihre eigenen Lieder mit. Dann
kommt das Abendmahl, das sie so nicht kennt.
Sie stellt sich auf die Bank und kommentiert
laut und deutlich: »Mama guck mal, jetzt ves-
pern di au no!«

Oma versucht, ein sperriges Teil in einem
Schrank zu verstauen, was ihr aber nicht ge-
lingen will. Darauf meint Joachim (5): »Oma,
du must „Heimatland nochamol" sagen, wie
mei Mama, dann gehts!«

Ich parke oben im Parkhaus und sage Christina (4), dass wir ja mit dem Aufzug fahren können. Prompt kommt die Antwort: »Oder mit
dem Nunterzug.«

Oma legt ihr Nachthemd aufs Bett und sagt zu Lena (2): »Guck, des isch des Nachthemd, wo mirs Christkend brocht hot.« Lena schüttelt den Kopf: »Oh, des hen mir kauft!«

Lena (2) hat zu Weihnachten ein neues Kleid bekommen. Oma ruft bewundernd: »Du siehsch aus wia a Prinzessin!« Opa zu Lena: »Sag emol zur Oma, des bin i au!« Lena folgsam: »Des isch er au.«

Daniel (3) macht Figuren mit seinen Fingern. »Guck mol Mama, des isch en Adler, der isch bunt. Des isch en Bundesadler!«

Julian (3) sieht bewundernd auf seine Füße: »Mama, woisch du, warom meine Füße so hart sen? Weil i so viel hartes Brot gessa hab!«

Julian (4) sieht, dass vor einer Autoschlange ein Traktor fährt. »Mama, woisch du, wer der Schnellste isch? Der Schlepper, der fahrt ganz vorna draus!«

Urlaub in Bayern. Unserer fünfjährigen Tochter kaufen wir dort ein Dirndl. Sie zieht es an, betrachtet sich im Spiegel und sagt im schönsten Schwäbisch: »Gell Mama, jetzt denket älle, mir send aus Bayern, derweil send mir aus Deutschland.«

Johannes (5) spielt mit viel Freude und Gelächter Zirkusdirektor. Oma kommentiert das nebenbei: »Du bisch mir ja ein glattes Kerlche« Da wundert sich Johannes: »Oma, ich bin doch nicht glatt, du kannst doch nicht an mir runterrutschen.«

Unsere Familie geht schon früh morgens ins Freibad. Mein Mann meint: »Hier ists aber noch ganz schön kalt!« Melissa (4) schlägt vor:

»Mach doch **Sonnencreme** drauf!«

Julian (6) zu Dominik (4): »Woisch, was i gern wissa dät? Wie 's isch, wenn mer von ra Kehrmaschin überfahra wird.« Dominik: »No bisch wirklich ganz verkehrt!«

Julian (3): »Mama, rot mol, was d'Oma am Zaia hot! A Augenhühner!«

Von Luginsland aus zeige ich Mona (5) die Grabkapelle auf dem Rotenberg. Ihr Kommentar: »Die kenn ich, des isch des Haus mit dem Deckel!«

Frühstück bei Oma und Opa. Oma fragt ihr Enkelkind (3): »Möchtsch a Marmalade aufs Brot?« Der Kleine: »Des isch doch koi Mamalade!« Oma: »Ja was isch es dann?« »Des isch a Omalade!«

Finn mustert die Sommersandalen der Erzie-
herin aufmerksam. Er deutet auf den kleinen
Absatz und erkundigt sich: »Hosch du heit
Schtopper an deine Schua?«

Julians Eltern sprechen nicht beide Dialekt. Er
bemerkt beim Frühstück: »Bei Mama heißt es
„die Butter" und bei Papa „der Butter".«

Zu Mittag gibt es Sauerkraut. Als Papa abends
heim kommt, berichtet Werner (2): »Papa,
heut gibts ... O-kraut.«

Julian (5) sagt beim Memory Spielen ganz er-
schöpft: »Jetzt kann i no zwoi Gedanken den-
ken, no isch mein Kopf ganz voll.«

Opa repariert sein Moped und Rüdiger (3) schaut aufmerksam zu. Opa vermutet: »Des könnt am Gas liegen.«
Rüdiger verschwindet kurz, kommt mit den Händen voller Gras zurück und hält sie vor das Moped: »Da Mopedle, fress!«

Steffen (5) hat Bauchweh und mag nichts essen, nur Tee trinken. Die Mama bemerkt: »Steffen ist wirklich krank, noch nicht mal Brei mag er essen.«
Da denkt der Kleine kurz nach und ergänzt: »Gell Mama, und au kein Dickkopf han i heut.«

Sonja (4) hilft beim Blumengießen und trägt die vertrockneten Blüten fort: »Woisch Mama, i werf die knuspriche en Eimer!«

»Ich brauch' auch meine Privataffäre.«

Buntes Allerlei

Der zweijährige Christian läuft zielstrebig nach draußen ins Freie, samt Schnuller und Schlafbär. Mama möchte ihn aufhalten, aber seine Schwester Charlotte (4) hat Verständnis für ihn: »Lass ihn doch, dann ist er nicht so allein im Mund und an der Hand.«

Bei einem Spaziergang mit der Familie springen Opa und Enkel Clemens (5) von rechts nach links über ein Bächle – und dann wieder zurück. Das geht eine Weile hin und her, bis Clemens stolz ruft: »Opa und ich sind Weltmeister! Rat mal worin – im Seitensprung!«

»Norman, was möchtest du mal werden?« Norman (6): »Chirurg.« »Was Norman, so ein Metzger?« Der Kleine beruhigend: »Aber doch nicht an Tieren.«

Sonja (4) leert ihre Spardose auf der Bank und bekommt dafür Schokoladentaler. Sie sagt zufrieden: »Guck Mama, jetzt haben wir besseres Geld bekommen.«

Oma macht mit Jonathan (3) das Fragespiel »Wo sind deine Ohren?«. Jonathan zeigt sie. »Wo ist deine Nase?« Jonathan zeigt sie. »Wo sind deine Augen?«
Jonathan macht der lästigen Fragerei ein Ende: »Schau in mein Gesicht, da ist alles drin!«

Im Kindergarten sitzt ein Vierjähriger ganz still am Tisch und hat den Kopf auf die Arme gestützt. Als ihn die Erzieherin fragt, ob er sich nicht gut fühlt, schaut er sie traurig an und sagt: »Ich habe gerade meine Tage.«

Das Nachbarskind Sophia fragt: »Joscha, wen heiratest du eigentlich später mal? Amelie, Annika oder mich?« Nach kurzer Pause antwortet Joscha (4):

»Ich **heirate** euch **alle,**
weil ihr passt ja alle
in meinen **roten Porsche**.«

Wir sitzen gemeinsam mit Leonhardt (3) beim Mittagessen. Nach einiger Zeit hört er auf zu essen und schaut verträumt ins Leere. »Bist du müde, Leonhardt?« Er überlegt kurz und antwortet: »Die Batterie ist leer.«

Opa ruft an, Corbinian (4) nimmt den Hörer ab. Opa: »Hallo, Corbinian, wie geht es dir, was machst du?« Corbinian (4) denkt kurz nach und sagt dann: »Ich mache nichts, ich steh' einfach so rum!«

Martin kommt freudestrahlend zu seiner Mutter und berichtet: »Mami, ich habe mir gewaschen!« Die Mutter antwortet: »Martin, wie heißt das richtig?« Darauf Martin schnell: »Mami, ich habe mir bitte gewaschen.«

Wir sprechen beim Malen im Kindergarten darüber, was denn nun ein schönes Bild sei. Ein
Mädchen seufzt: »Mühe!«

Christine (5) sieht auf dem Weg in die Stadt
ein Verkehrszeichen, das vor der unebenen
Fahrbahn warnt. Sie wundert sich: »Warum ist
auf dem Bild ein Brüstenhalter?«

Luisas Bruder ist eingeschult worden. Luisa (3)
meint dazu: »Grundschule, da grunzt man erst
und dann geht man rein!«

Wir laufen über einen Parkplatz, auf dem in
den Schlaglöchern vom Regen das Wasser
steht. Kristian (2) läuft durch eine flache Pfüt-
ze und sagt: »Guck mal, ich kann übers Wasser laufen!«

Ich suche meinen Mann im ganzen Haus. Emilia (4) weiß, wo er ist: »Der ist auf dem Dach und repariert die Cellulite-Schüssel.«

Ich frage Kerstin (3), ob sie weiß, warum es Abend wird. Sie nickt: »Ja, weil wir den ganzen Tag benutzt haben.«

Die Familie arbeitet im Garten. Papa gießt Blumen und fragt Werner (3): »Soll ich dich auch gießen?« Werner schüttelt den Kopf: »Nein, ich wachse auch so.«

Im Auto fragt Papa: »Werner, schläfst du?« Darauf Werner (3): »Nein, ich blinzle nur – da sind mir die Augendeckel hängen geblieben!«

Werner (5) im September 2001: »Nächstes Jahr
gibts kein Geld mehr, nur noch Euro!«

Mein Mann und ich sind zu einer festlichen
Veranstaltung eingeladen. Dirk (5) sieht zu,
wie ich mein Paillettenkleid anziehe und berichtet dann seinem Papa: »Die Mama hat ein
Kleid aus lauter Unterlagsscheiben!«

Bei einem Gewitter stehen mächtige Wolken
am Himmel und der Donner grollt unheimlich.
Felicitas (3) ist zwischen Angst und Faszina-
tion hin- und hergerissen.
Dann erklärt sie plötzlich: »Jetzt habe ich keine Angst mehr, weil die Wolken dort oben mu-
sizieren und der Donner die große Pauke
schlägt. Hörst du das auch? Das ist so wie in
dem Kinderkonzert, das wir in Stuttgart gehört
haben.«

Justin (6) möchte ins Kinderparadies
des Einkaufszentrums:

»**Oma**, gehen wir ins
Kinder-Paris?«

Wir besuchen Freunde in Heidelberg und beschließen, mit der Zahnradbahn auf den Königstuhl hochzufahren. Oben angekommen, geht Felicitas (4) in die Hocke, späht angestrengt unter den Waggon und schimpft dann wütend: »Sag mal bitte, wo hat der Zug denn seine Zähne?«

Isabella wundert sich, warum Patrick (6) an diesem sonnigen Morgen so ruhig ist. »Warum bist du denn heute so still?«. Und leise kommt die Antwort: »Weil, ja weil, na weil ich heut noch gar nichts in meinem Kopf drin habe.«

Ich singe meinem Sohn Colin (4) abends im Bett vor: »Der Mond ist aufgegangen ...« Empört setzt er sich auf und meint: »Mama, bevor du raus gehst, machst du den Mond aber wieder zu!«

»Papa, hören wir wieder mal Kassette? Dann brauchen wir nicht mit dem Mund singen.«

Lars (4) im Überschwang seiner Gefühle: »Gell Mama, alle Männer brauchen eine Frau – weil Frauen sind das Tollste auf der Welt.«

Jule (6) kommt früher aus der Schule. Sie erklärt: »Der Biologieunterricht ist ausgefallen, meine Lehrerin ist auf einer Fortpflanzung.«

Jule (10) möchte Mama nicht in ihr Zimmer lassen. Als die den Grund wissen möchte, meint die Tochter: »Ich brauch auch meine Privataffäre.«

Stephanie (7) sitzt mit Papi auf der Couch und beide betrachteten die Bücherwand. Stephanie: »Papi, was sind das für große graue Bücher?« Papa: »Das ist der Duden. Darin wird die Grammatik und die Rechtschreibung erklärt. Stephanie: »Das betrifft mich nicht, ich schreibe ja links.«

Lydia (4) wacht sehr früh morgens auf. Es dämmert zwar schon, aber sie soll sich nochmal hinlegen und als sie herzhaft gähnt, sagt Mama: »Siehste, du bist noch sehr müde ...« Lydia ist anderer Meinung: »Nein, das ist hellgähnen.«

Auf ihren Dreirädern suchen Tim (3) und Juli (5) zusammen mit Oma den Opa, der im Wald zu tun hat. Dabei geht es über Stock und Stein einen steilen Hang hinunter. Juli kommentiert später: »Das war ein Abenteuer! Obwohl es doch gar nicht am Abend war.«

Es ist ein sehr trüber und nasskalter Tag. Julian erklärt das Wetter so: »Die Sonne kann nicht scheinen, weil sie mit dem Mond Kaffeetrinken ist.«

Inka (3) spielt mit Oma Kaufladen. Sie ist die Verkäuferin. Als Oma bezahlt, bekommt sie zu wenig Wechselgeld und beschwert sich: »Fräulein, da haben Sie sich verrechnet!« Inka seufzt: »Ja, unsere Kasse ist kaputt und im Kopf rechnet sichs bei uns schwach.«

Charlotte (5) freut sich auf die Übernachtung im Kindergarten. Allerdings sehen das nicht alle Kinder so und sie sagt: »Manche wollen das nicht, aber die müssen trotzdem; da nützt der Wille nichts.«

Illustration Anita Gemborek

Mika (3) hat ein Planschbecken geschenkt
bekommen. Als es aufgeblasen wird, fragt
er ungeduldig:

»Ist das Wasser auch in der Verpackung drin?«

inkl. Bade-wasser

H2O

Wir kommen an einem Winterabend vor einem
Geschäftshaus vorbei, das schon geschlossen,
aber noch hell erleuchtet ist. Ich erkläre, dass
das eine Bank sei und man so auch nachts sehen könne, ob einer einbrechen und Geld steh-
len wolle.

»Aber Mama«, belehrt mich Stefanie (4), »ein
Dieb braucht doch kein Geld! Der stiehlt doch
alles.«

Elena (4) möchte ein Lied aus dem Kindergarten vorsingen. Sie beginnt, stockt dann plötzlich und meint enttäuscht: »Jetzt ist es mir
aus dem Kopf gehüpft.«

»Da oben fliegt ein Schwarm Eisenbahnvögel!«

Tierwelt

Rainer (4): »Die Dinger am Fisch heißen Schuppen, weil er damit das Wasser fortschubst, wenn er schwimmt.«

Mein Enkel Nils (3) und ich ahmen Tiergeräusche nach. Nils grunzt und erklärt dann: »Oma, ich habe geschweint.«

Bei einem Spaziergang mit den Kindergartenkindern sehen wir einen großen Haufen Rossbollen auf der Straße liegen. Ich möchte von den Kindern wissen, von wem die wohl herkommen. Robin erklärt prompt: »Von mir net!«

Sanya erklärt: »Federmäuse heißen so, weil es können nur Tiere fliegen, die Federn haben.«

Es ist Herbst, die Zugvögel sammeln sich. Mama fährt mit Felix (3) im Auto und unterhält sich mit ihm. Plötzlich unterbricht der Kleine das Gespräch: »Mama, schau schnell aus dem Fenster, da oben fliegt ein Schwarm Eisenbahnvögel!«

Beim Waldspaziergang hören wir einen Specht an einen Baum trommeln. Melissa (4): »Horch, da oben ist ein Waldhammer!«

Moritz (5) sieht bei einer Wanderung im Allgäu Kühe, die gemütlich auf der Weide liegen. Er staunt: »Schaut mal, die Kühe faulen sich!«

Im Garten heben Kinder einen Stein hoch. Es krabbeln Asseln darunter hervor. Ein Mädchen (5) sagt sehr überzeugt: »Da sind ja Kelleramseln!«

Beim Spaziergang. Jonas (3) fragt: »Was ist das für ein Tier?« Mama: »Eine Raupe!« Jonas, der die Eltern tagein und tagaus stetig mit Fragen löchert: »Was macht die?« Mama antwortet genervt: »Sie raupt!« Jonas ruft freudig: »Ein Rauptier!«

Oma und Opa sind zu Besuch. Oma möchte, dass Kristian (2) Tierstimmen zuordnet und fragt: »Kristian, wer macht „miau"?« Darauf antwortet Kristian trocken: »Die Oma.«

Teresa (4) sitzt auf Omas Schoß und schaut auf zwei alte, gebrauchte Hufeisen, die an der Balkonwand hängen: »Omi, von wem sind die Hufeisen?« Oma daraufhin: »Ich glaube, von meiner Mutter.« Teresa interessiert: »War deine Mama ein Pferd?«

Im Urlaub besuchen wir einen Bauernhof. Unsere Töchter haben noch nie eine Kuh von nahem gesehen. Plötzlich bewegt sich die Kuh mit schaukelndem Euter direkt auf die Kinder zu. Desiree (3) geht in die Hocke, legt den Kopf schief und verkündet: »Felicitas, guck mal, die Kuh winkt mir mit ihrer Bauchhand!«

Jonas (4) sieht beim Spaziergang eine vertrocknete Esskastanie: »Guck mal, ein toter Igel!«

Unsere Töchter sind zum ersten Mal auf einem Bauernhof und dürfen mit der Bäuerin in den Kuhstall gehen. Sie stellt einen kleinen Melkschemel unter die riesige Kuh. Desiree (3) sagt erwartungsvoll zu ihrer Schwester: »Feli pass auf, gleich setzt sich die Kuh auf den Hocker!«

Bei der Oma im Garten gibt es ein Vogel-
bad. Florian (3) beobachtet eine Amsel,
die sich ausgiebig im Wasser vergnügt.
Als die Amsel wieder wegfliegt, meint
Florian ganz entrüstet:

»Die hat sich ja gar nicht abgetrocknet!«

Thomas (4) kommt aufgeregt von der nahe liegenden Schmiede nach Hause geflitzt und berichtet: »Mama, Mama, dem Bauer Uetz sein Gaul kriegt neue Schuhe!«

»Wenn die Ente ins Wasser geht, dann nimmt sie eine Daunendecke mit, damit sie nicht friert.«

Charlotte (5) betrachtet ihr unberührtes Frühstücksei und wundert sich: »Wie schlüpft ein Küken und wie macht man die Eier dann wieder zu?«

Charlotte (5) möchte partout nicht einschlafen. Mama: »Bitte mach jetzt endlich die Augen zu. Kein Mensch kann mit offenen Augen schlafen!« Charlotte: »Doch, aber Fische.«

Urlaub in Südtirol. Mein Mann schaut mit Marit (5) Kühe auf der Wiese an. Alle haben eine gelbe Marke im Ohr und Marit meint: »Papa, hier haben ja alle Kühe Preise dran.«

Auf einem Dach eines Hauses sitzt eine Amsel und singt ihr Abendlied. Florian (4), der auch sehr gern singt, staunt: » ... und ganz ohne Liederbuch!«

Beim Spazierengehen kommt uns ein weißer Pudel entgegen. Mattis (2): »Eisbärenhund!«

Adrian (3) wird von einer Bekannten gefragt: »Adrian, hast du auch Haustiere zu Hause?« Daraufhin er: »Nein, ich habe nur Papa und Mama.«

Tina Vanessa (4) hat bisher zum Geburtstag immer nur Stofftiere bekommen. Als ich sie frage, was sie sich dieses Jahr wünscht, sagt sie energisch: »Ich möchte dieses Mal ein Tier aus Tier!«

Der zehnjährige Leon erklärt seinem kleinen Bruder: »Störche fliegen im Winter in den Süden. Das sind sogenannte Südüberwinterer.«

Christian (4) schaut im Fernsehen Frauenfußball und sorgt sich um die Spielerinnen: »Das ist gemein, wenn die umgeschubst werden und ins Gras fallen, da kriegen die doch lauter Zecken.«

Auf dem Heimweg vom Kindergarten sieht Saya (4) einen toten Igel auf der Straße liegen. Sie vermutet: »Der ist bei Rot über die Straße gegangen.«

Im Garten sind nach dem Regen viele Schnecken zu finden. Franziska (5) droht ihnen: »Ihr sollt nicht in meinem Garten herumschneckeln!«

Wellensittichdame Sissi scheint schlechte Laune zu haben. Anna (7) vermutet: »Ich glaube, der ist eine Leber über den Rücken gelaufen.«

David (2) und Laurenz (2) hören eine Wildtaube »ruguh, ruguh« rufen. David: »Eine Eule.« Laurenz: »Ja.« David ergänzt sicherheitshalber: »Papa sagt Taube dazu.«

Melissa zählt den Eltern auf, welche Bären sie schon alle kennt: »Eisbären, Braun-bären, Waschbären, Pandabären ...

Aber der **gefährlichste** ist der nordamerikanische **Gries-Bär**!«

Am Nachmittag durchstreifen die Kinder alleine den familienfreundlichen Bauernhof und entdecken eine Frau, die ein Huhn rupft. Die ausgerissenen weißen Federn sind um sie herum ausgebreitet. Unbefangen fragt Desiree (3) die Frau: »Und was ziehst du dem Huhn nachher an, damit es nicht friert?«

Maxime (3) sieht zum ersten Mal geflügelte Ameisen und ist ganz fasziniert. Sie fragt: »Tun die jetzt alle wegflügeln?«

Im Winterurlaub bummeln wir zusammen mit Bettina (4) durch den Ort. Wir kommen an einem Haus vorbei, in dessen Hof ein geschlachtetes Schwein aufgehängt ist. Unser Großstadtkind aus dem Stuttgarter Westen schaut sich interessiert das an den Beinen ausgestreckte Tier an: »Huch, haben die komische Wäsche aufgehängt!«

»Spiegelei, Spiegelei an der Wand ... «

Essen und Trinken

An Rodericks 3. Geburtstag gibt es Kuchen für die kleinen Gäste. Die Tortenplatte ist drehbar und die Kinder machen sich einen Spaß daraus, den Kuchen im Kreis zu drehen.
Plötzlich schreit Roderick empört auf: »Lasst das, dem Kuchen wird es ganz schlecht und er muss kotzen!«

Christian (3) stopft sich beim Abendessen den Mund voll. Plötzlich streckt er den Hals und würgt. »Christian, was ist los?« »Da ist etwas, das will nicht gegessen werden.«

Die Kinder essen bei uns; es gibt Hähnchenschlegel. Ich verteile die knusprige Haut von meinem Hähnchenschlegel.
Pascal (5) schielt nach dem letzten in der Schüssel und fragt: »Kann ich die Rinde von diesem Schlegel auch bekommen?«

Ich habe einen Mohnkuchen gebacken. Birgit (4) fragt: »Und wann machst du einen Sonnenkuchen?«

Ich habe einen Kuchen im Backofen. Als der Küchenwecker klingelt, sagt Birgit (4): »Jetzt hat der Kuchen ausgeschlafen!«

Céline (5) schlägt ihrer Cousine vor: »Annika, sollen wir gleich ein Eis essen, bevor wir wieder Dummheiten machen und dann keines mehr kriegen?«

Britta (3) möchte mir beim Bohnensetzen im Garten helfen. Ich erkläre ihr, dass man die Bohnen nicht tief in die Erde stecken darf: »Bohnen müssen die Glocken läuten hören!« Da fragt sie neugierig: »Darf ich die Ohren von den Bohnen einmal sehen?«

»Mami, wo wachsen eigentlich die Nudeln?«

Simon (3) wird gefragt: »Wie sieht eine Tomate aus?« Er weiß es: »Rot!« »Wie sieht eine Zitrone aus?« Prompte Antwort: »Gelb!« »Und wie sieht eine Zwiebel aus?« Ehrfürchtige Antwort von Simon: »Scharf!«

Stephan (3) fragt: »Oma, kannst du mir ein gutes Nudelsüpple kochen, aber bitte, bitte mit ohne Nudeln?«

Wir ernten Glockenäpfel. Stephan (2) schüttelt einen davon energisch und ruft empört: »Wenn du Glockenapfel heißt, musst du auch läuten!«

Ich frage Kristian (3), ob er im Kindergarten sein Honigbrot gegessen hat. Er sagt: »Ja, jetzt ist es im Bauch. Meinst du, dass wir es da wieder hochbekommen?«

Wir sitzen beim Abendessen. Kristian bekommt eine Scheibe Käse. Am Rande der Scheibe befindet sich ein Loch. Kristian sagt: »Ich will aber das Loch nicht essen.«

Oma hat Schinkennudeln gekocht, leider wurde der Schinken etwas zu kross und braun. Beim Essen fragt Leandro (3): »Oma, kann ich bitte nochmal Nudeln haben? Aber jetzt ohne Holz.«

Beim Frühstück fragt Mama die beiden Schwestern Mia und Anna, welche Sorte Joghurt sie essen wollen. »Es gibt Erdbeere, Himbeere und Ananas«. »Au ja,« sagt Anna, »ich nehme Ananas, das finde ich lecker!« Die jüngere Mia verlangt sofort: »Und ich will Mia-nas!«

Sonntagmorgen. Christina (4) verspeist ihr Frühstücksei und überlegt: »Mama, gell, das Huhn legt das Ei!?« Mama bestätigt und ist stolz auf das kluge Kind.

»Mama, gell, und das Schwein legt das Schnitzel?!«

Wir erzählen im Kindergarten das Märchen Schneewittchen. Als es aus ist, fragen wir die Kinder, was denn die böse Königin immer gesagt hat. Antwort eines Mädchens: »Spiegelei, Spiegelei an der Wand ...«

Damaris (3) schaut sich das Glas Essiggurken mit Dill an und meint erstaunt: »Mama, da ist ja Wiese drin!«

Als es Hühnerschlegel zum Mittagessen gibt, schaut Jonas in die Pfanne und fragt, was das ist. Luisa (2) ruft von hinten »Saurier!«

Wir sitzen auf dem Sofa und essen Schokolade. Kristian argumentiert: »Papa, ich habe gerade eine Hand frei, kannst du mir auch ein Stück geben?«

Uwe (5) erklärt seinen Menü-Wunsch: »Ich will auch ein Weckle mit Wurst und viel Ketchup, aber ohne Weckle!«

Beim gemeinsamen Nachmittagstee. Der Tee ist noch sehr heiß, deshalb pustet ein Mädchen (5) in die Tasse und sagt zu ihrer Freundin: »Der Tee muss sich erkälten!«

Teresa (2): »Omi, will trinken!« Omi: »Du willst oder du möchtest?« Teresa: »Ich will möchten!«

Beim Kindergeburtstag fordere ich die Kinder auf, die Augen zu schließen und zu fühlen, ob ich einen Apfel oder einen Pfirsich in der Hand halte. Den Unterschied erklärt Stefanie ganz einfach: »Der Pfirsich fühlt sich wie ein Apfel mit Teppich drauf an!«

Gemüsesülze liegt auf dem Teller und Katharina (5) meint: »Da sind Glasscherben drin.«

Unsere Kinder essen besonders gerne goldgelb gebratene Fischstäbchen mit Kartoffelbrei. Desiree (4): »Die Fischstäbchen sind schon lange tot, und weil sie nicht mehr schwimmen können, essen wir sie gefangen auf.«

Nadja (2) trinkt ein großes Glas Sprudel aus, dann meint sie: »Jetzt muss ich aber aufhören zu trinken; mein Bauch ist von innen schon ganz nass.«

Bei einem Ausflug möchte ich Saya und ihrer Cousine Laura (beide 4) ein Eis kaufen. Saya fordert: »Zuerst kommt meine Freundin Laura. Aber davor ich.«

Es gibt Eier zum Frühstück. Als ich Marie Sophie (4) Schnittlauch über ihr Ei streuen möchte, kommt der Aufschrei: »Aber Omi, ich mag doch kein Gras!«

Mama stöhnt: »Ich brauch jetzt echt einen Kaffee.« Katharina (3): »Und ich brauch jetzt echt einen Schoppen.«

Birgit kommt mit ihrem Eis weinend zu mir gerannt: »Mammi hilf mir, schnell, mein Eis verwelkt!«

Yannis (6) hat im Sport eine Medaille bekommen, auf der »Winner« steht. Zuhause zeigt er sie stolz und liest vor »Winner ... Schnitzel?«

Illustration Tina Gruschwitz

Chiara (3) hat Hunger:

»Bekomme ich **bitte** noch mal **Maustaschen?**«

Opa und Sven (3) steigen zusammen in die Stuttgarter S-Bahn. Sven möchte wissen: »Gibt es in der S-Bahn auch was zu trinken?«

Beim Mittagessen gibt es Hörnchennudeln mit Tomatensoße. Mia meint begeistert: »Die sind viel besser als die Spaghetti, die sind immer so tollpatschig und fallen mir von der Gabel!«

Anna-Lena (4) isst zum ersten Mal Lakritz-Schnecken und verkündet: »Die Schnecken schmecken wie Gras ... nur anders«

Klaus (4) stürmt am Mittag in die Küche und fragt: »Was gibts zu essen?« Mama: »Heute gibts Gulasch.« Klaus runzelt die Stirn und meint: »Aber Mama, das sagt man nicht. Das heißt Gulpopo.«

»Mama, hast du die sieben Geißlein gefressen?«

Gesundheit und Körper

Rainer (4) erklärt seiner dreijährigen Schwester: »Der Ellenbogen vom Bein ist das Knie.«

Renate (3) schaut zum ersten Mal zu, wie ihr kleiner Bruder gewickelt wird. Sie kommentiert erstaunt: »Der hat ja ein Elefantele am Bauch!«

Der Kinderarzt fragt Marit bei der U8: »Was machst du, wenn du müde bist?« Ihre logische Antwort: »Ich geh ins Bett.« »Und was machst du, wenn dir im Bett kalt ist?« »Dann frier ich.«

Unser Sohn entdeckt die Unterschiede zwischen Mann und Frau: »Mama, du und meine Schwester, ihr habt da so einen Riss und ich und Papa haben einen Stengel mit zwei Blasen dran.«

Pascal (4) entdeckt, dass Opa zwei Husten-
bonbons auf dem Nachttisch liegen hat und
fragt, ob er eins davon haben kann. Opa gibt
es ihm und erklärt, dass die da liegen, falls er
nachts einmal husten muss. Pascal beunru-
higt: »Ja ... aber wenn du zweimal husten
musst?«

Paul (3) läuft über den Hof. Er fällt hin und
verletzt sich am Ellenbogen. Weinend kommt
er zur Mama und jammert: »Dem Arm sein
Knie tut so weh!«

Verena (4) beobachtet ihren Papa auf der Toilette. Sie kommentiert: »Papa macht ein Steh-
rolli.«

Jonas (5): »Was kommt runter beim Tornado?
Eine Wirbelsäule!«

Utes Mama erwartet ihr zweites Kind. Kurz
vor der Entbindung liegt sie auf der Couch,
da betrachtet Ute (2) lange ihren großen
Bauch und fragt vorsichtig:

»Mama, hast du die **sieben
Geißlein** gefressen?«

Sina (2) schaut Papa morgens im Bad aufmerksam zu. Sie streicht ihm über die Bartstoppeln und bemerkt: »Da musst du mal rasenmähen!«

Coralin (7) ist in der ersten Klasse und lernt gerade lesen. Als sie mit Mama und älterer Schwester beim Zahnarzt im Wartezimmer sitzt, liest sie an der Tür »Zutritt verboten«. »Gell Mama,« sagt sie, »da darf ich nicht mit rein, wir sind doch zu dritt!«

Jonathan (4) ist ganz schnell gerannt und fordert die Mama auf: »Da kannst du hören, wie mein Herz klappert!«

Jonas (4) tastet seine Wirbelsäule ab: »Fühl mal da lang an meinem Rücken, da hab ich eine Krampfader.«

Beim Kinderarzt muss Marco (4) eine Urinprobe abgeben. Ich gehe mit ihm zur Toilette und erkläre, dass er in den mitgebrachten Becher pinkeln soll. Er wundert sich: »Wieso in den Becher, ist denen ihr Klo kaputt?«

Baby Robin ist krank. Die große Schwester Nena (3) kommentiert: »Ah, der hat ne Zündung. Muss man in die Opatheke gehen.«

An seinem sechsten Geburtstag stellt Colin stolz fest: »Jetzt bin ich so groß, dass ich mich bücken muss, wenn ich meine Füße anfassen will.«

Mama erklärt Luisa beim spazieren gehen, dass man vom Fliegenpilz Bauchweh bekommt. Luisa (3): »Fliegt der dann im Bauch rum, Mama?«

Nadin (4) hat beim Spielen aus Versehen in die Hose gemacht. Als ich sie auf das Malheur anspreche, entgegnet sie mir im Brustton der Überzeugung: »Ich wollte doch bloß mal gucken, ob du alte Babys auch noch magst.«

Spaziergang an der Eselsmühle: Joscha (4) stellt sich zum Pieseln an einen Zaun. Als er fertig ist, zieht er an einem herunterhängenden Zweig und kommentiert: »Spülung!«

Marvin (3) kommt zu Opa ins Bad: »Opi, was machst du da?« »Ich feile mir die Hornhaut ab.« Marvin zeigt auf Opas Fersen und fragt: »Sind das die Hörner?«

Stefan (3) hat die Masern. Als er in den Spiegel schaut und die roten Flecken sieht, sagt er: »Oh, ich habe ja eine pünktliche Nase!«

Leonie (3) zu ihrer Puppe: »Mädchen, ich schau mal, ob du eine Zecke hast. Dann hole ich den Hammer und repariere es.«

Im fünften Monat schwanger, besuche ich mit Thomas (4) eine Freundin. Als diese ihr Baby stillt, macht mein Sohn große Augen. Auf der Heimfahrt fragt er dann: »Mama, wenn unser Baby da ist, spielst du dann auch Kuh?«

Uli (4) schaut zu, wie der kleine Bruder gestillt wird. Er fragt neugierig: »Mama, wenn du Kakao trinkst, kommt da dann auch Kakao raus?«

»Mama, ist Katharina ein Junge oder ein Mädchen?« Mama fragt: »Woran erkennt man das?« Leonie (3) vermutet: »Am runden Kopf.«

Illustration Tara Ehmann

Unsere Kinder Dirk und Tina sind im Ess-
zimmer und spielen. Dirk malt ein Bild
mit Wasserfarben und Pinsel. Tina kommt
plötzlich zu mir in die Küche und fragt:

»Mama, **darf ich** auch
mit dem **Besen malen**?«

Illustration   87

Charlotte (5) hat längere Zeit auf der Toilette gebraucht und erklärt uns: »Der Stinker musste erst überzeugt werden.«

Manuel (3) hatte eine Hautabschürfung und ich behandele sie mit sterilem Wundpuder. Am nächsten Tag verletzt er sich schon wieder und verlangt: »Ich brauche wieder die Backpulversalbe.«

Olli (5) sieht seine kleine Schwester auf dem Wickeltisch liegen. Er vermutet: »Mama, da muss noch was wachsen.«

»Mein Opa hat das allerschönste Gelächle
unterm Schnurrbart!«

Familienleben

Das Telefon klingelt und Justin (6) hebt ab. Eine Frauenstimme fragt, wer denn dran sei. Justin: »Ich bin das Enkelkind von meiner Oma.«

Opa ist Buchhalter. Als Santosch (7) gefragt wird, was Opa von Beruf ist, erklärt er: »Sowas wie Notenständer.«

Wir sind mit Pascal (2) und Marcel (6 Monate) im Auto unterwegs. Opa fragt: »Es ist so still bei euch hinten, schläft der Marcel?« Pascal sieht nach und verkündet: »Nein, Baby Augen an.«

Sonja (4) gibt ihrem Papa viele Küsschen. Papa: »Heb dir noch ein paar auf bis heute Mittag!« Sonja unbesorgt: »Ich mach halt wieder neue mit Spucke.«

Stephan (6) ist in der ersten Klasse und als stolzer Großer aus dem Alter raus, in dem man nachts zu den Eltern ins Bett schlüpft. Trotzdem steht er eines Nachts etwas verlegen vor unserem Bett. Auf unsere Frage, ob er etwas Schlimmes geträumt hätte und nun Angst habe, antwortet er: »Ach nein, ich hab mir nur gedacht, ich sollte mal wieder ein bissle unter Menschen gehen.«

Miriam (4) ist großer Ballettfan und darf Unterricht nehmen, sobald sie sechs Jahre alt ist. Eines Tages besucht sie die Großeltern, aber nur der Opa ist da. Er sagt: »Die Oma ist im Ballett.« Da fragt Miriam erstaunt: »Was, in ihrem Alter?«

Barbara (4) fragt: »Ist der Mond ein Mann oder eine Frau?« Und beantwortet sich die Frage gleich selbst: » Ach klar, ein Mann, der hat ja ne Glatze wie Papi.«

Oma fragt Ludwig (3): »Ärgerst du heute Nachmittag deine Mama?« Ludwig antwortet empört: »Nein, sonst ärgert mich meine Mama auch.«

Opa erklärt den Enkeln, dass die Oma eigentlich Barbara mit Vornamen heißt – und nicht Bärbel, wie alle sagen. Julian (5) denkt eine Weile darüber nach und meint dann trotzig: »Aber in echt heißt sie Oma!«

Papa ist ein paar Tage auf Geschäftsreise und kann nicht, wie sonst immer, die Gute-Nacht-Geschichte vorlesen. Als er wieder da ist, begrüßt ihn seine kleine Tochter mit den Worten: »Endlich bist du zurück und kannst mich wieder einschläfern.«

Emil (5) erklärt beim Abendessen: »Ich habe den besten Papa der Welt!«, dreht sich zur Mama um und ergänzt: »Da hast du dir den Richtigen ausgesucht.«

Ich komme mit dem neugeborenen Nico aus dem Krankenhaus nach Hause. Der große Bruder Marco (5) freut sich: »Ach, ist der süß!«, fragt dann aber besorgt: »Was machen wir mit dem, wenn wir in Urlaub gehen?«

Sagt der Onkel im Scherz zu Louisa (4): »Na, und wer bist du denn?« Louisa ganz empört: »Ich bin doch dein Schwagermädchen!«

Stella (3) macht mir ein Kompliment: »Du bist die Oma der besten Welt!«

Gina (6) sitzt mit ihrem Opa im Sessel
und krault dessen Bart. Sie meint:

»**Opa**, wenn du keinen **Bart**
mehr hättest, wärst du gar
kein **richtiger Opa** mehr,
bloß noch ein Mann.«

Unsere Adoptivtocher Felicitas (4) streitet mit ihrer besten Freundin Marion. Die behauptet: »Deine Mama ist gar nicht deine richtige Mama, du bist bloß adiert!«
Felicitas hält dagegen: »Meine Mama, die hat mich ausgesucht und ist extra mit dem großen Flugzeug nach Peru geflogen!«
Kleine Pause, dann verkündet sie triumphierend: »Aber deine Mama, die musste dich einfach nehmen.«

Tim (3): »Wenn ich groß bin und meine Kinder nicht mehr bei mir wohnen, dann ärgere ich mich mit mir selber.«

Bei der Geburtstagsfeier seiner Uroma (83) gerät Jonathan (6) in Streit mit seiner Oma. Nach einer heftigen Debatte droht er ihr: »Oma, wenn du mich weiter ärgerst, sage ich es deiner Mutter!«

Mama erklärt Maike (4): »Opa ist jetzt Rentner, nur Oma geht noch arbeiten und verdient Geld.« Maike wendet sich besorgt zur Oma: »Gell Oma, du gibst aber dem Opa was ab!?«

Eric (2) löchert seine Oma mit vielen Fragen, immer wieder: Warum dies und warum das? Und Oma erklärt und erklärt. Irgendwann aber meint sie: »Eric, das weiß ich nun auch nicht.« Eric schaut seine sonst so kluge Oma an und sagt: »Wenn du nicht weißt, musst du lieben Gott fragen.«

Daniel (4) möchte unbedingt noch ein Geschwisterchen. Seine Mama (alleinerziehend) erklärt ihm, dass dazu auch ein Mann gebraucht wird. Da hat er eine gute Idee: »Dann fragen wir halt den Opa!«

Mama lächelt Elias (3) zu: »Ich mag dich.« Elias winkt ab: »Nö, der Papa mag mich schon!«

Beide Enkelkinder toben und balgen mit Opa. »Hört auf«, fleht Oma, »das tut Opa doch weh!« Christian (3) versucht, Oma zu beruhigen: »Wenn Opa kaputt geht, dann passe ich auf dich auf.«

Charlotte (4) berichtet aus dem Kindergarten: »Ich habe allen gesagt, dass Mama heute Geburtstag hat; denn man sieht es ihr nicht an. Sie wächst ja nicht mehr.«

Opa hat das Märchen vom Kalif Storch erzählt. Charlotte (3) denkt kurz nach und sagt dann zur Oma: »Wenn Opa ein Storch wird, kannst du bei mir auf der Matratze schlafen; du musst nur deine Kleider mitbringen.«

Jörg geht seit kurzem zur Schule. Sein Papa fragt neugierig, ob ihm denn ein Mädchen in der Klasse besonders gut gefällt oder ob er lieber die Mama heiraten möchte. Der Kleine meint: »Nein, die Mama ist mir zu gebraucht.«

Linette verkündet: »Oma, ich heirate dich!« Ich erkläre ihr, dass das nicht möglich ist, weil ich mit Opa verheiratet bin. Das ist für sie kein Problem: »Dann heirate ich den Opa auch!«

»Julian, du bist immer soo lieb!« Julian (3): »Aber nicht immer.« »Warum nicht?« »Weil Mama nicht das tut, was ich will.«

Stephans Opa ist bekannt für sein ganz besonders charmantes Lächeln. Stephan (3): »Mein Opa hat das allerschönste Gelächle unterm Schnurrbart!«

Illustration Anita Gemborek

Christian (4) spielt mit Papas Ehering.
Charlotte (6) findet das gefährlich:

»Wenn du den **verlierst**, ist **Papa** nicht mehr mit uns **verheiratet**!«

Ich: »Heute Abend muss ich noch zum Eltern-abend.« Melissa (4) findet das logisch: »Ja Mama, du bist ja auch schon älter!«

Ich bin bei meinem Enkel Jannik (3) zu Besuch. Er sagt Oma zu mir, aber ich erkläre, dass man auch Großmutter sagen kann. Da meint er fol-gerichtig: »Dann ist meine Mama die Kleine-mutter.«

Silja (4): »Gell Mama – die Menschen sind aus Affen entstanden.« »Ja, richtig, vor langer Zeit.« »War ich, wo ich ganz klein als Baby war auch ein Affe?«

»Auf dem Klo wohnt der Klostergeist.«

Religion und Feste

Michael hat eine kleine Schwester bekommen. Nach ihrer Taufe haben sich die Verwandten und auch der Pfarrer zum Kaffeetrinken in der Stube versammelt. Als es an der Haustür klingelt, öffnet Michael schnell und sagt: »Kommt nur rein, der liebe Gott ist schon da.«

Jonas (5) war den ganzen Tag sehr anstrengend. Mama: »Irgendwie klappt es heute nicht so mit uns beiden!« Jonas erklärt ihr: »Mama, bei dir ist ein Hebel umgelegt im Gehirn. Der Gott hat bei dir an der Fernsteuerung rumgespielt!«

Iris betet nach dem Abendessen laut: »Wir danken dir Herr Jesu Christ, dass du „uff dr Gass" gewesen bist.«

Arians Urgroßvater ist gestorben. Seine Oma erzählt ihm, dass der Uropa jetzt im Himmel ist. Da fragt Arian (4) plötzlich: »Wie ist er denn dahin gekommen? Mit dem Hubschrauber?«

An Weihnachten singen wir das Lied »Ihr Kinderlein kommet«. Sonja (4) singt hingebungsvoll: »... und seht, was in dieser hochheiligen Nacht, der Vater und Mutter viel Freude sich macht.«

Im Kindergarten wird der Besuch des Erzbischofs angekündigt. Carmen (4) kommt nach Hause und meint: »Morgen müssen wir uns schön anziehen, da kommt der Erdbeerschorsch!«

Im Weihnachtslied »Ihr Kinderlein kommet« lautet ein Textteil »... zur Krippe
herkommet in Bethlehems Stall.«
Ina fragt neugierig:

»Was hen di für a **Bädle** em **Stall**?«

Melissa (5) freut sich schon sehr auf die »Heiligen Drei Könige«. Ungeduldig fragt sie: »Mama, wann kommen denn wieder die Heiligen mit ihren Scheinwerfern?«

Karina (6) entdeckt auf dem Jahreskalender die Feiertage und liest: »Maria Himmelfahrt und Maria im Gfängnis ... boah Oma, was die alles darf!«

Am 6. Dezember spazieren wir mit den Kindergartenkindern zum Waldrand und beobachten, wie der Nikolaus mit seinem roten Mantel aus dem Wald kommt. Ein Junge meint beeindruckt: »Da kommt der Boxer Henry Maske!«

Anna-Lena (4): »Jesus hatte am Kreuz nur eine Unterhose an ... und eine Dornenhecke auf dem Kopf!«

Melissa (5) singt: »Vom Himmel hoch, da komm ich her, ich bring euch gute neue Mär ...« Auf meine Frage, ob sie denn wisse, was »gute Mär« bedeute, antwortet sie: »Ja, den Guten bringt der Engel mehr!«

Luisa (3): »Gäh Mama, auf dem Klo wohnt der Klostergeist!«

Kristian (3) singt: »Morgen kommt der Nikolaus, bringt mir seine Gabeln raus.«

Ilonka (6), fragt ihre Großmutter: »Wie hat denn dein Papa mit Vornamen geheißen?« Oma antwortet: »Josef.« Ilonka weiter: »Und deine Mama?« »Die hieß Maria!« antwortet die Oma wahrheitsgemäß. Ilonka schaut nachdenklich ihre Großmutter an: »Ja dann bist du ja die Schwester vom Jesus!«

Wir sitzen im Weihnachtskindergottesdienst. Als letztes wird wie üblich »Oh du fröhliche« gesungen. Als es zu Ende ist, sagt Kristian (3): »Die sollen nicht aufhören, ich will noch „In der Weihnachtsbäckerei" singen.«

Wir sitzen beim Frühstück. Kristian (3) isst sein Laugenbrötchen. Plötzlich legt er seine Hand auf die Brust und sagt: »Da ist der Jesus drin und der kriegt jetzt auch was zu essen.«

Im Kindergarten wird ein Nachhause-Gebet gesprochen: »Breit aus die Flügel beide.« Eigentlich lautet der letzte Satz: »Dies Kind soll unverletzet sein.«
Bernd (4) betet lautstark und innig: »Dies Kind soll unser letztes sein.«

Leonie (4) verkleidet sich als Maria. Mama meint: »Wo hast du dein Baby?« Leonie: »Ich hab noch keines, ich muss es erst legen.«

Elena (3) sitzt auf der Toilette, ich muss vor der Tür warten. Nach ein paar Minuten frage ich: »Bist du fertig?« »Nein«, sagt sie, »immer wenn ich ein Stinkerle mache, schwätze ich mit dem lieben Gott.«

Charlotte (5): »Mama, gell, wenn es hagelt, dann fallen den Gestorbenen die Zähne aus, wenn es regnet, dann weinen sie und wenn es donnert, dann schreien sie.«

Louisa (4) erklärt, wann Männer einen Anzug tragen sollten: »Das muss man bei Festen anziehen. Zum Beispiel bei einer Taufe oder bei einer Gestorbenparty.«

Ich stehe mit meiner Tochter Elke (3) vor der Kirche und wir sehen eine Hochzeitsgesellschaft. Da kommt der Wagen mit der Braut; ganz in Weiß mit einem langen Schleier steigt sie aus. Elke zupft mich am Ärmel:

»**Guck mal** Mama, da kommt ein **Gespenst**!«

Wir sind auf dem Weg zur Kirche zur Taufe von Simon, dem Cousin unseres Sohnes Carl. Carl (3) fragt mich dann kurz vor der Kirche sichtlich nervös: »Mama, wer wird hier heute aufgetaut?«

Norman (4) darf bei seinen Großeltern übernachten, die in einem Hochhaus wohnen. Beim Schlafengehen betet die Oma mit ihm: »Lieber Gott, mach den Norman fromm, dass er in den Himmel komm'.« Norman ist da anderer Meinung: »Aber Oma, da bleibe ich doch lieber beim Opa im zweiten Stock.«

Beim Spaziergang durchs Dorf sieht Kerstin (3) den Pfarrer und bemerkt: »Mami schau, da kommt der Kirchner!«

Emilia (6) sieht in den Kindernachrichten einen Beitrag zum Thema Volkszählung. Sie erkundigt sich: »Müssen wir jetzt auch alle nach Bethlehem gehen?«

Clara (3): »Mami, am Himmel ist ganz viel weißer Dampf!« »Ja,« sagt die Mutter, »das ist Nebel.« Clara: »Ich weiß! Wenn Papa am Morgen so lange duschen tut, dann sagst du immer, dass der Spiegel total vernebelt ist!« Mutter: »Ja, das sieht so ähnlich aus, aber Nebel entsteht ein wenig anders ...«
»Ja,« ruft Clara da, »der liebe Gott hat heute bestimmt auch besonders lange heiß geduscht und deshalb ist der Himmel so vernebelt!«

Am Ende einer Schimpftirade schließe ich mit: »... dann bringt der Weihnachtsmann dir leider kein Geschenk!« Leo (3) ist wenig beeindruckt: »Aber zu mir kommt ja auch noch das Christkind.«

Beim Einzug in unser Haus arbeitet der Flaschner an der Wasserleitung. Einige Zeit danach gießt Mutter die Blumen. Unsere Dreijährige fragt: »Mama, was machst du da?«. »Den Blumen Wasser geben, damit sie trinken können.«

»Mama, wer macht das Wasser?« Mama überlegt kurz, dann: »Na der liebe Gott! »Pah! Denkst du! Macht der Flaschner.«

Ronja (6) zeigt mir die Geschenke, die sie im Kindergarten gebastelt hat: »Das ist für Oma, das für Opa, das für Papa ...« Ich zeige auf ein kleines Päckchen: »Und das ist für mich?« »Nein, das ist fürs Christkind, das schenkt mir auch immer was.«

»Meine Oma ist ne ganz vermooste Frau!«

Wortkapriolen & Sprachpirouetten

Patricia (2) besucht mit dem Papa die Mutter im Krankenhaus. Sie gehen ein bisschen im Park spazieren, als mit lautem Getöse ein Rettungshubschrauber vorbeifliegt. Patricia sagt mit großen Augen: »Da kommt ja ein Luftreiter!«

Mama fragt Luisa (2) beim Abendessen, was sie aufs Brot möchte. Luisa zeigt auf den Camembert und ruft: »Käsebär!«

Papa startet mit zwei Freunden eine Motorradtour. Christina (3) schaut hinterher und kommentiert: »Der Bernd ist Erster, der Thomas ist Zweiter und Papa ist Dreiter.«

Santosch (6) betrachtet den Scheitel seiner Schwester und kommentiert dann: »Anasuya, du hast eine Schlitzglatze.«

Birgit (4) zeigt auf ein graues Blatt Papier:
»Schau, das ist finsterweiß!«

Max (4) sieht einen Kaminkehrer: »Ah, ein
Sonnensteinfeger!«

Stephan (2) schlüpft zu uns ins Bett und verkündet: »Ich muss mir von euch ein bissle
Warmigkeit holen!«

Meine Tochter (5) kommt nach Hause und
zeigt mir stolz eine kleine Bürste für Wimpern-
tusche: »Schau mal, meine Freundin hat mir
eine Augenzahnbürste geschenkt!«

Ronja (6) fragt: »Wenn ich meine Milchzähne
verliere, bekomme ich dann Kaffeezähne?«

Tom (4) freut sich über den Frühling mit
Gänseblümchen und Maiglöckchen:

»Oh, schau, die Maigänschen!«

Obwohl es schon Mai ist, ist es sehr kühl draußen. Unsere Kleine (5) vermutet: »Das sind bestimmt die Gefrierengel!«

Mein Enkel (7) spielt mit einer Puppe, die ein Baby im Bauch hat. Damit sie richtig angezogen ist, bittet er mich: »Kann ich für die Puppe Umsturzkleider haben?«

Wir sehen beim Spaziergang zwei Männer, die Hand in Hand gehen. Mein Enkel (8) vermutet: »Die sind schwul.« Und fügt hinzu: »Wenn zwei Frauen sich lieben, sind sie skeptisch.«

Verenas Papa ist Automechaniker. Als sie gefragt wird, was ihr Vater arbeitet, sagt Verena (4) stolz: »Der tut autoparieren.«

Ich erkläre Manuel (4), dass er statt »Scheiße«
besser »Scheibenkleister« sagen soll, wenn
ihm das »Sch« schon auf der Zunge liegt.
Er nickt mit großen Augen und als es wieder
so weit ist, kommt wie aus der Pistole ge-
schossen: »Fensterleim!«

Kurz nach der Wahl von Angela Merkel zur
Bundeskanzlerin kommt Frederik (4) zum Papa
gelaufen und ruft: »Von Angela Merkel ist ein
Bild in der Zeitung!« Papa fragt ihn: »Wer ist
denn Angela Merkel?« »Ha, die neue Schröde-
rin.«

Sandra (5) zitiert aus »Hänsel und Gretel«:
»Wer knuspert an mein' Häuschen? Der Wind,
der Wind, das schimmlige Kind!«

Ein Junge fährt mit dem Dreirad. Laut singt er: »Meine Oma fährt im Hühnerstall Motorrad ... meine Oma ist 'ne ganz vermooste Frau!«

Wir sind im Auto unterwegs und sehen das Verkehrszeichen für Wildwechsel. Da ruft einer unserer Jungs: »Schaut mal, hier gibt es Rehgesprang!«

Ich baue mit ein paar Kollegen auf einem Hausdach eine Solaranlage. Da kommt eine Oma mit Kind. Das Kind fragt: »Was machen die da?« Oma: »Das sind Handwerker.« Nach einer Gedankenpause kommt die nächste Frage: »Gibt es auch Fußwerker?«

Melissa (6) sagt stolz über ihre Schwester, die in die Realschule gekommen ist: »Meine Schwester geht jetzt in die Linealschule!«

Jonathan (3) beschwert sich über die vielen In-
sekten im Urlaub, speziell über die Bremsen.
»Eine hat mich sogar angekurbelt!« Seine
Schwester Anna-Lena (5) verbessert ihn: »Das
heißt angebremst!«

Ronja (5) spielt »Hausaufgaben machen«. Sie
zeigt mir, dass sie ein Dreieck, ein Viereck und
ein Fünfeck (mehr oder weniger gut) gemalt
hat. Dann zeigt sie auf den Kreis: »Und das ist
ein Weg-Eck!«

Jonas (4) zu Mama bei der Fahrt zu Verwandt-
ten: »Gell Mama, der Onkel wohnt im Neubau-
gebirge.«

Ich mache den Ventilator an. Kristian, dem es
zieht, sagt: »Nein, nicht, es luftet mich!«

Jenni (4) erzählt den Großeltern, dass sie nach »Hitanien« in Urlaub fährt. Die Oma: »Jenni, das heißt nicht Hitanien, sondern Italien mit „iiii" wie Igel!« Darauf Jenni:

»Oma, was macht denn der Igel in Hitanien?«

Ich war beim Friseur. Werner: »Mama, hast du eine neue Frisur? Darf ich da mal hinlangen?« Er fasst mir in die Haare und kommentiert: »Mama, deine Haare sind ja ganz knusprig!«

Leonie (3) schwenkt einen Duplostein an der Schnur, dreht sich im Kreis und sagt begeistert: »Ich bin eine Schwindlerin!«

Katharina (5): »Leonie, kannst du mir Rechenaufgaben geben? Dann kann ich sie erlösen.«

Im Kindergarten wurde ein kleiner Webteppich hergestellt, aus dem ich jetzt eine kleine Tasche machen soll, die mit einem Knopf zu schließen ist. Manuel (6) erklärt mir dies so: »Die Tasche soll mit Knopf und Knopflochschnur sein, zum Zuhenkeln.«

Elias sieht einen Imbissstand und fragt: »Gehen wir in die Döneria essen?«

Charlotte (6) macht sich Gedanken über Säuglinge und übers Stillen: »Christian war ein Flaschenkind, ich war ein Muttersauger.«

Katharina (5): »Eine Fliege hat mich umgetanzt.«

Luisa (3) zählt die adelige Rangfolge auf: »Kaiser, König, Fotograf ...«

Kristian (2) singt: »Ein Männlein steht im Walde und still und stumm. Es hat von lauter Popo ein Männlein um.«

Leonie (3) will pfeifen lernen und übt. Sie bietet mir an: »Mama, ich pfeif dir was.«

Lydia (4) malt, als ich etwas von ihr wissen möchte. Zur Antwort bekomme ich: »Sei mal leise, ich muss mich konzertieren.«

Lydia (4) singt zum Geburtstag ihrer Freundin mit großer Hingabe: »Happy Bürste to you ...!«

Mama mäht den Rasen. Elias (2) sagt zur großen Schwester: »Mama rast.«

Über uns.

Hier lesen Sie, wer alles dazu beigetragen hat,
dass dieses Buch zustande gekommen ist.

Greta Brumme (Esslingen)

Greta Brumme, Jahrgang 1983, studierte Freie Grafik, Informations- und Mediengestaltung in Stuttgart und Schwäbisch Gmünd. Heute lebt sie als Grafikerin und Illustratorin in Esslingen am Neckar, wo sie sich mit Illustratorenkollegin Julika Neuweiler unter dem Namen »die kreatur« ein Atelier teilt.

Greta Brumme arbeitet in ihren Bildern mit unterschiedlichsten Techniken. Wenn sie für Kinder zeichnet, versucht sie sich an den Blickwinkel der eigenen Kinderzeit zurück zu erinnern: So entstehen belebte Welten voll wundersamer Wesen – immer versehen mit einer guten Portion augenzwinkerndem Kitsch und farbenfroher Detailverliebtheit.

Greta Brumme, Dipl.-Grafikdesignerin (FH)
die kreatur – Atelier für Grafikdesign und Illustration
mail@diekreatur.net, www.diekreatur.net

Ann-Kathrin Busse (Pfinztal)

Ann-Kathrin Busse arbeitet seit 20 Jahren als freie Illustratorin in Pfinztal. Sie stellt sich immer wieder mit Begeisterung der Herausforderung, eine einfühlsame Symbolsprache für Unfassbares zu finden. Sie malt für Werbeagenturen und die Industrie. Ihre Bilder waren schon in ganz Deutschland in Ausstellungen zu sehen.

Im Patmos-Verlag sind aktuell vier Werke von ihr erschienen: Die Bücher »Mein Herz steht Kopf« und »Ich liebe dich durch dünn und dick«, das Blankbook »Herzblätter« und das Postkartenset »Herz(k)arten«. Ab September diesen Jahres wird wieder der von ihr illustrierte Kalender »Wünsche an den Kosmos« im Korsch-Verlag erhältlich sein.

Ann-Kathrin Busse Telefon 0721/46 38 51
busse-illustration@t-online.de,
www.ak-busse-illustration.de

Tara Ehmann (Leonberg)

Auf einem silbernen Berg in der Nähe Leonbergs wohnt Tara Ehmann. Grafik-Designerin, Illustratorin und Yogalehrerin aus Leidenschaft.

Kreativität in allen Lebenslagen ist ihr wichtig, sowie in ihren Aufgabengebieten und Berufungen. Mit Illustrationen, die das Leben bunter machen, die Welt etwas anmalen und mit einem »OM« singend den Spagat zwischen innerer und äußerer Welt schaffen.

»Changing reality with art!«

Kontakt:
mail@taraehmann.de
www.taraehmann.de

Anita Gemborek (Stuttgart)

Hoch oben auf einem Weinberg am Rande Stuttgarts wohnt Anita Gemborek ... Malerin, Illustratorin, Ehefrau, Meditierende & Fan von Keksen.

2007-2010 studierte sie Kunst am IBKK Bochum. Nun veröffentlicht sie unter dem Label artando sowohl nachdenkliche Kunst als auch humorvolle Illustrationen. Das Leben ist viel zu ernst, findet Anita. Deswegen möchte sie mit ihren schrägen, witzigen und oft skurrilen Figuren mehr Lebensfreude verbreiten. Bei ihrer Kunst beschäftigt sich Anita hingegen mit dem Weg nach innen, den sie für die wichtigste und spannendste Reise im Leben hält.

Anita Gemborek, www.artando.de
Mail: info@artando.de Tel.: 0711-12157289
Shop: dawanda.com/shop/artando

Tina Gruschwitz (Pforzheim)

Tina Gruschwitz, Jahrgang 1981, ist freiberuflich als Illustratorin, Künstlerin und Grafikdesignerin tätig. Zusammen mit ihrer Schwester Annukka Gruschwitz erarbeitet sie unter dem Namen tikka design individuelle Kommunikationslösungen.

Tina studierte »Visuelle Kommunikation« an der Fachhochschule für Gestaltung in Pforzheim. Nach ein paar Jahren in der Werbebranche reifte jedoch der Wunsch, freiberuflich tätig zu sein und neben Grafikdesign und Malerei auch für Kinder zu illustrieren. Gezeichnet hat sie schon, seit sie einen Stift halten kann. Jetzt hält sie auch Pinsel und Computermaus, und freut sich, am Projekt »Kindermund« mitarbeiten zu können.

Tina Gruschwitz, Dipl.-Grafikdesignerin (FH)
Hörnleweg 56, 75181 Pforzheim, Telefon: 07231/4431551
www.grutin.com, tina@grutin.com
Blog: http://grutin.tumblr.com/

  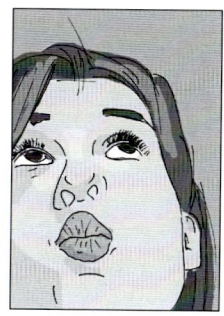

Maike Hettinger (Stuttgart)

»Jeder, der dieses Buch in Händen hält, wird unweigerlich zu schmunzeln beginnen, wenn er die Aussprüche und Wortschöpfungen der Kinder durchstöbert – ganz besonders, wenn man sich die Kreationen dann bildlich vorstellt. Ich konnte also gar nicht anders, als die kuriosen Ideen und überraschenden Gedanken weiter zu spinnen, den Stift zu zücken und diese zu Papier zu bringen.«

Maike Hettinger hat an der Kunstakademie in Stuttgart studiert und ihre Leidenschaft für das Zeichnen zum Beruf gemacht. Als Grafikdesignerin liebt sie farbenfrohe Bilder genauso wie ausgefallene Ideen und illustriert diese mit großer Freude.

Kontakt:
Maike Hettinger, Dipl.-Kommunikations-Designerin
www.maikehettinger.de, info@maikehettinger.de

Sonja Höhn (Solingen)

Grafik Design, Illustration, Fotografie, Geschichten und freie Malerei ... diese fünf Kraftfelder bestimmen das Schaffen der – am liebsten noch mit Papier und Bleistift arbeitenden – Designerin.

Besonders die kindliche Freiheit und das Märchenhafte haben es der Rheinländerin angetan: »Träumen und spinnen erlaubt!« ist ein Wunsch, der sich in ihren Arbeiten und auch in ihren eigenen Kinderbuchgeschichten widerspiegelt.

Sonja Höhn
psstdesign@gmx.de
www.psst-design.de

 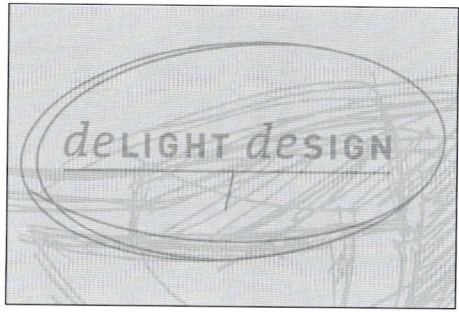

Ulrike Klaus (Leonberg)

Delight Design (engl.): Vergnügen, Freude_leicht, hell, klar_
Entwurf, Gestaltung, Zeichnung.
Sagt das Wörterbuch. Wie ich Delight Design übersetze – für
mich und meine Kunden? Am liebsten so: Freude vereinfacht die
Arbeit, verdreifacht die Begeisterung und verzehnfacht den
Erfolg. Und Sie?

Lieblingsmotto:
»Hinter dem Horizont geht es weiter«

Delight Design –
Kommunikationsgestaltung / Illustration
Ulrike Klaus, Dipl. Grafikdesignerin
Telefon 07152 / 330803, info@delightdesign-komm.de
71229 Leonberg, Schlegelstraße 6

Karo Schrey (Freiburg)

Illustrationsverliebt . Modeverrückt . Musikjunkie . Exil-Freiburgerin . 8oer-Jahre-Kind . Grafikerin .

Es sind solche Herzensprojekte wie das Illustrieren für dieses Buch, die meinen Job zu einem der schönsten der Welt machen.

Neben meinem Agentur-Job arbeite ich unter anderem für die Badische Zeitung und fudder.de.

karolita.tumblr.com
karoschrey@gmail.com

 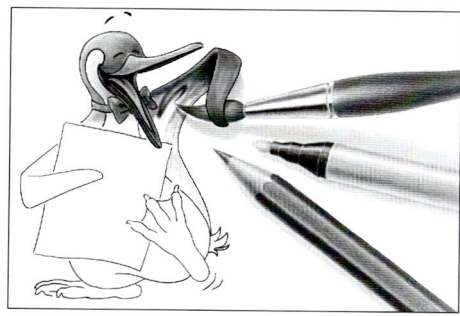

Yann Lange (Stuttgart)

Für Kinder Stift und Farben in die Hand nehmen zu können ist immer eine besondere Freude und Herausforderung, besonders im laufenden Betrieb einer Tageszeitung.

Als ich den Auftrag bekam, eine komplette Zeitungsseite mit Stilblüten von Kindern mit Illustrationen zu bebildern, purzelten deshalb die Ideen nur so. Viele Kollegen schmunzelten beim Anblick der Zeichnungen, und auch nach Veröffentlichung war die Resonanz von außerhalb der Redaktion sehr erfreulich. Offensichtlich lesen auch Erwachsene gern, was für Kinder bestimmt ist.

Yann Lange ist Grafiker, Illustrator, Textilgestalter, Verpackungskünstler usw. der Stuttgarter Nachrichten.

Kontakt: y.lange@stn.zgs.de

  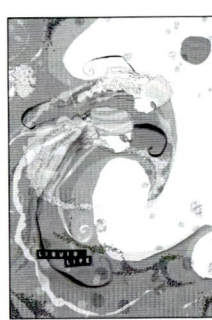

Nina Weber (Berlin)

Ihre Reiselust führte sie nach einer Kindheit in Stuttgart und São Paulo u. a. in die USA und nach Hong Kong, wo Nina Weber ihren Master of Fine Arts in Illustration absolvierte.

Sie arbeitet momentan von Berlin aus international und regional an spannenden Projekten im weiten Feld der Illustration. Pointierten Strich und plakative Flächen kombiniert sie mit analogen und digitalen Mitteln zu stimmungsvollen, ausdrucksstarken Bildern.

Ihre Arbeiten wurden bereits international ausgestellt, publiziert und ausgezeichnet (Greater China Illustration Awards 2012, Society of Illustrators Los Angeles 2011 ...).

Nina Weber Illustration
http://www.illuninare.de
ninaweber@illuninare.de
Telefon 0175/1867901

Olaf Nägele (Esslingen)

Der studierte Kommunikationswirt (KAH) hat nach langjährigen Aufenthalten in München, Stuttgart und Hamburg den Weg in seine Heimatstadt zurückgefunden. Dort feilt er an PR- und Werbetexten für seine Auftraggeber und verfasst als freier Journalist Artikel für das Feuilleton einer lokalen Zeitung. Neben Beiträgen in Anthologien und Hörspielen für den SWR erschienen von ihm die Kurzgeschichtensammlungen »Maultaschi Goreng« und »Ha Noi Express«, sowie der Roman »Gsälz auf unserer Haut«, den er mit Julie Leuze geschrieben hat, im Silberburg-Verlag, Tübingen.

2010 erhielt er für seine Kurzgeschichte »Die Sache mit Gege« einen Ehrenpreis der Akademie Ländlicher Raum in Baden-Württemberg.

Mehr Infos unter: www.olafnaegele.de

Dankeschön!

Wir bedanken uns bei allen Eltern, Großeltern, Familien und Freunden, die zu diesem Buch beigetragen haben:

G. Aichele, B. Alf, H. Bäuerle, G. Bailer, C. Bauer, S. Barwich, Fam. Bäßler, Fam. Baitinger, N. Bihr, M. Bitterling, Blind, L. Buchner, B. Burkhardt, E. Bohn, U. Braitmayr, R. Conzelmann, M. Dengler, I. Dieterle, S. Eberle-Schmitt, D. Ebinger, Fam. Eckl, C. Eckstein, A. Ehrmann, H. Eilers, W. Eisenmann, H. Epple, K. Floredo, Fam. Fölster, J. Förstner, R. Franz, Fam. Frommer, Fam. Gabriel, H. Gann, E. Gekeler, M. Gepperth, E. Ganß, S. Glasbrenner, Fam. Glaub, C. Gospos, H. Gräser, B. Greiner, M. Groß, U. Griesebach, B. Gutekunst, Härle, S. Hamann, Fam. Hartmann, I. Heide, Fam. Heim, H. Hößenecker, S. Horwath, H. Holzwarth, K. Hübener, B. Irmer, G. Kächele, R. Kästle, S. Kerger, G. Klaus, G. Klink, B. Klumpp, R. Knauß, K. Köster, I. Kubach, B. Kumfert, K. Kunadt, K. Lehnerd, W. Leucht, E. Lietz, J. Markner, G. Marquardt,

Fam. Mang, H. Max, H. Mayer, S. Milde, C. Möller, I.Möller, E. Münz, M. Offenbecher, Fam. Orth, I.Ott-Duelli, R. Otto, S. Paule, S. Poganatz, F. Pokoj, H. Pfister, S. Rehm, B. Reinhard, Fam. Ripberger, Fam. Ritzal, M. Roeder, Fam. Ruckgaber, Fam. Sautter, B. Schack, P. Schlimm, R. Schlotz, Fam. Schmid) G. Schnepf, R. Sparavalo, O. Schutt, C. Schwarz, I. Schwetz, R. Steinbeck, M. Strangfeld, H. Streit, H. Strohmaier, M. Sylla, S. Teubner, K. Vetterling, C. Vitantzakis, A. Volle, G. Wachinger, H. Wagner, G. Walz, C. Wacker, E. Warwas, J. Waibel, W. Wegenast, I. Weiß-Ehring, P. Wiechmann, D. Winter, E. Winterstein, R. Wolf, S. Wolfer, G. Wyslich, W. Zehender,
M. Zettelmayer,
Zilesch, Fam.
Zimmermann

STUTTGARTER NACHRICHTEN

Backnanger Kreiszeitung

GÄUBOTE

Rems-Zeitung

WAIBLINGER KREISZEITUNG

Murrhardter Zeitung

Nürtinger Zeitung

SCHORNDORFER NACHRICHTEN

Wendlinger Zeitung

KREISZEITUNG
Böblinger Bote

MÜHLACKER TAGBLATT

VAIHINGER KREISZEITUNG

WELZHEIMER ZEITUNG

Winnender Zeitung

FELLBACHER ZEITUNG

KORNWESTHEIMER ZEITUNG

MARBACHER ZEITUNG
BOTTWARTAL BOTE

Sindelfinger Zeitung

Sindelfinger Zeitung
Böblinger Zeitung

Liebe Leserinnen und Leser,

in Zeitungen werden viele zitiert – Politiker, Sportler, Künstler oder Unternehmer. Ihre Sätze sind teils denkwürdig und aufregend, einige merkwürdig und manche auch kaum der Rede wert. Viel zu selten dagegen kommen in Zeitungen Kinder zu Wort. Dabei schlüpfen aus ihren Mündern so manches Mal wunderbare Sätze, die es verdienen, aufgeschrieben und aufbewahrt zu werden.

Erfreulicherweise trat der Karlsruher Kindermund Verlag an die Stuttgarter Nachrichten und ihre Partnerverlage mit der Idee heran, gemeinsam ein vielstimmiges Buch über die kleinen Sprücheklopfer zu gestalten. Auf unsere Aufrufe hin sandten uns Hunderte von Lesern die Sprüche ihrer Kinder und Enkel, Nichten und Neffen zu – per E-Mail, per Brief oder auch übers Telefon. Das Buch »Die Oma kocht heut' Maulwurftäschle« spiegelt die Bandbreite der vielen Einsendungen der großen und kleinen Zeitungsleser wider, für deren Mitwirkung wir uns ganz herzlich bedanken – auch bei denen, deren Texte aus Platzgründen nicht erscheinen konnten.

Und so überlassen wir das Wort den Kindern – und wünschen dabei viel Vergnügen.

Regine Warth,
Redakteurin der Stuttgarter Nachrichten

Mitmachen?

Dieses Buch hat den Untertitel »Schwäbischer Kindermund 1«. Einer Nummer Eins folgt normalerweise eine Nummer Zwei und das hat folgenden Grund: Wir konnten in dieses Buch nicht alle Sprüche aufnehmen, die wir zugeschickt bekommen haben. Trotzdem wollen wir diese Beiträge nicht unter den Tisch fallen lassen und haben uns entschlossen, einen zweiten Band folgen zu lassen.

In dem zweiten Band ist auch noch Platz für neue Sprüche. Wenn Sie gerne etwas dazu beitragen möchten, schicken Sie uns Ihren Spruch per Post (Adresse siehe rechte Seite) oder per E-Mail. Vielleicht klappt es mit dem zweiten Buch ja noch bis Weihnachten ...

Für alle, die Spaß an Kindersprüchen haben, aber nicht aus Schwaben sind, haben wir die Internetseite www.kindermund.de eingerichtet. Dort stehen fast 5000 Beiträge und jeden Tag kommen neue hinzu.
Machen Sie mit!

Die Verlegerinnen

Die Kindermund-Bücher werden mit Spaß und Liebe gemacht von der Grafik-Designerin Christine Kern und ihrer Mutter Heike, Kindergartenleiterin im Ruhestand.

Christine Kern
Yorckstr. 34
76185 Karlsruhe
Tel.: 0721 / 6647-1095
Fax: 0721 / 6647-1096

Heike Kern
Bötzingerstr. 3
79356 Eichstetten
Tel.: 07663 / 1308

E-Mail: info@kindermund-verlag.de
Internet: www.kindermund-verlag.de

Wir haben noch mehr auf Lager

**»Der Umweltengel wohnt
bestimmt in Freiburg«**
Badischer Kindermund
23 Illustrationen
140 Seiten, 14 x 17 cm
ISBN 978-3-9813766-2-3
EUR 14,95

Für jedes verkaufte Buch bekommt das Freiburger
Projekt »Tigerherz ... wenn Eltern Krebs haben«
von uns EUR 2,50

**»Wer einmal im Himmel ist,
kommt da nicht wieder raus.«**
Kinder über Glauben, Kirche,
Tod und ewiges Leben
13 x 15 cm, 144 Seiten,
23 Illustrationen
ISBN 978-3-9813766-4-7
EUR 12,95

Für jedes verkaufte Buch bekommt die Stiftung
»Hänsel und Gretel – damit Kinder nicht verloren
gehen« von uns EUR 1,-

Alle Bücher können Sie bestellen unter Tel. 0721 / 6647-1095
oder www.kindermund-verlag.de

**»Der Kaiserstuhl ist nicht
zum Draufsitzen!«**
19 Illustrationen,
14 x 17 cm, 140 Seiten,
von Künstlerinnen gemeinsam
mit KIndern illustriert
ISBN 978-3-9813766-0-9
EUR 10,00

»Mein Papa heißt Liebling«
Nicht nur für (werdende) Väter
18 Illustrationen,
13 x 15 cm, 60 Seiten,
EUR 8,00

»Best of Kindermund«
Die besten Sprüche aus
den Jahren 2005 bis 2010
von www.kindermund.de
21 Illustrationen,
13 x 15 cm, 110 Seiten,
ISBN 978-3-9813766-3-0
EUR 9,95

Alle Preise inkl. Mehrwertsteuer

»Heute sind die Erzieherinnen
wieder durcheinander«
Kindermund aus dem
Kindergarten
15 Illustrationen,
13 x 15 cm, 62 Seiten,
EUR 8,00 (inkl. MWSt.)

»Am Markt gibts Eis aus Erdbeer,
Vanille und Bürgermeister«
Oberpfälzer Kindermund
19 Illustrationen
14 x 17 cm, 120 Seiten
ISBN 978-3-9813766-1-6
EUR 10,00 (inkl. MWSt.)

Weihnachtsgeschenk für Firmen oder Vereine

»Das Christkind beißt nicht«
14,8 x 10,5 cm, 100 Seiten,
16 Illustrationen,
jedes Buch personalisierbar,
Mindestabnahmemenge 50 Stück,
Preis/Ex. ab EUR 5,89 (zzgl. MWSt.)

Alle Bücher können Sie bestellen unter Telefon: 0721 / 6647-1095
oder www.kindermund-verlag.de